RÊVERIES

SUR

LA NATURE PRIMITIVE

DE L'HOMME.

SUR SES SENSATIONS,

SUR LES MOYENS DE BONHEUR QU'ELLES LUI INDIQUENT,

SUR LE MODE SOCIAL QUI CONSERVEROIT LE PLUS DE SES FORMES PRIMORDIALES ;

PAR P......SENANCOUR.

PREMIER CAHIER.

A PARIS,

Chez DE LA TYNNA, éditeur, rue Honoré, n°. 100, en face de celle de l'Arbre-sec ;

Et chez CERIOUX, libraire-imprimeur, quai Voltaire, n°. 9.

GERMINAL, an VI.

Des raisons particulieres ont engagé à faire imprimer ces essais successivement, et par cahiers, dont la réunion formera un ou deux volumes, à la fin desquels seront placés les sommaires ou analyses de chaque rêverie.

PRÉLIMINAIRES.

J'ai vu la nature mal interprétée, j'ai vu l'homme livré à de funestes déviations : j'ai cru entendre la nature, j'ai desiré ramener l'homme. Je pouvois errer moi-même, mais je sentois profondément qu'il pouvoit être modifié d'une maniere meilleure. J'interrogeai ensuite mes besoins individuels ; je me demandai quel seroit l'emploi, l'occupation de ma vie ; je portai mes regards sur ce qui est donné aux mortels et sur ce que leurs desirs poursuivent dans les mœurs et les climats opposés : je n'ai rien vu qui déja ne fût indifférent à mon cœur, ni dans la possession des biens de la vie, ni dans la recherche des illusions difficiles ; j'ai trouvé que tout étoit vain, même la gloire et la volupté, et j'ai senti que ma vie m'étoit inutile. Voyant qu'elle ne contenoit nul bien pour compenser ses douleurs, je l'ai seulement toléré comme un fardeau nécessaire. Il y a trois années environ (j'en avois vingt-trois alors), je m'appuyai sur la sagesse des Stoïciens ; et sa fiere indifférence me soutint contre les afflictions ; mais elle n'eut à opposer contre le sentiment du néant de la vie, que de spécieuses chimeres. Je trouvai que, par la sagesse, on étoit moins malheureux; je trouvai qu'elle pouvoit beaucoup contre les maux; mais lorsque je cherchai par quel bien positif elle pouvoit rendre la vie heureuse, et sur quelle vérité inébranlable s'élevoit son sublime édifice, je dis avec découragement : la sagesse elle-même est vanité. Que faire et qu'aimer au milieu de la folie des joies et de l'incertitude des principes? Je desirai quitter la vie, bien plus fatigué du néant de ses biens qu'effrayé de tous ses maux. Bientôt mieux instruit par le malheur, je le trouvai douteux lui-même et je connus qu'il étoit indifférent de vivre ou de ne vivre pas. Je me livrai donc sans choix, sans goût, sans intérêt au déroulement de mes jours. Au milieu des dégoûts et de l'apathie, où ma raison détrompée retenoit mon cœur aimant, mes plus fréquentes impressions étoient la réaction sur moi des miseres de mes semblables. Je cherchai leurs causes et je vis qu'à l'exception de quelques douleurs instantanées, tolérables ou mortelles, qui dès-lors ne pourroient constituer un état de malheur, tous les maux de l'humanité découloient d'erreurs locales, accidentelles; qu'ainsi le sort de l'homme pouvoit être amélioré; et que s'il étoit une destinée irrévocable, cette destinée même contenoit sans doute un temps meilleur, puisque la versatilité des opinions funestes sembloit montrer que les habitudes malheureuses ne faisoient point partie de la nature essentielle de l'homme. J'osai donc concevoir un grand dessein (1); soit sensibilité, soit génie, soit orgueil, je voulus tenter de ramener l'homme à ses habitudes primitives, à cet état facile et simple composé de ses vrais biens et qui lui interdît jusqu'à l'idée des maux qu'il s'est fait. Je voulois montrer cet état si méconnu et indiquer cette route de rétrogradation, devenue si nécessaire et que l'on croit si difficile. Mais projeter, qu'est-ce autre chose que choisir dans les possibles des événemens à notre gré, et accorder par leur moyen nos affections futures avec nos affections présentes, pour nous dissimuler que nous igno-

---

(1) Supposer une vie sans desseins, un être actif sans volonté, ou qui ne se propose point de but aux actes de cette volonté, c'est admettre des sensations sans résultat, une série de causes productives par leur nature, et pourtant stériles par le fait. Il est donc contradictoire qu'un homme qui possede ses facultés naturelles agisse absolument sans choix, et vive sans aucun projet, quelque peu passionné, quelque désabusé qu'il soit, quelque persuadé qu'il puisse être que le cours de toutes choses est déterminé par une invariable nécessité.

rons et les occasions et les sentimens que l'avenir produira? Que d'entraves au-dehors et au-dedans sont survenues dès les premiers pas! Une force comprimante a pesé sur moi lentement et constamment. Des soins puériles et fatiguans ont occupé mes jours sous le déguisement des devoirs, et m'ont refusé d'abandonner tout-à-fait au sort ma vie incertaine et précaire. Libre de passions, je n'ai pu jouir de mon indépendance.

En abandonnant pour un temps l'exécution entiere de l'ouvrage le plus important et le plus nécessaire, je ne changerai point d'objet. Je n'ai qu'un but et n'en puis avoir d'autre.

Dans un travail moins suivi, plus vague, plus convenable aux circonstances qui me commandent, je m'occuperai toujours de combattre les erreurs dangereuses, de dévoiler les progrès séducteurs de notre déviation, et de chercher quelles institutions peuvent convenir à l'homme social de la nature, c'est-à-dire quelle est des formes possibles à l'homme la plus facile et la plus heureuse.

Je ne me suis jamais dissimulé combien un pareil dessein étoit au-dessus de mes moyens, et peut-être du génie d'un homme. Que l'on ne m'accuse point d'être le jouet des vanités de la vie en méprisant ses prestiges. L'espoir de servir le genre humain n'aura été pour moi qu'une illusion sans doute, mais l'illusion est nécessaire à la vie, et celle-là seule restoit à la mienne : voilà ma réponse. Il faudroit trop long-temps parler de moi pour l'expliquer à ceux qui n'entendront pas d'abord tout ce qu'elle contient.

Je ne fais qu'essayer foiblement mes premiers pas à l'entrée de la carriere que je voulois parcourir : et je l'aurois abandonné tout-à-fait si je m'étois arrêté davantage à la considération de tout ce qui me manque pour l'entreprendre. . . . .
Cependant, c'est avec ces craintes pusillanimes que tout cede au torrent, que tout s'endort sous le joug. Emporté par sa passion, celui qui travaille pour lui-même est facilement audacieux. L'amour du bien public plus réfléchi est aussi moins confiant. Tant de prudence mene à l'incertitude : on hésite, on à tout voulu, on n'a rien tenté. L'homme de bien projete, attend; l'ambitieux s'agite, se précipite; ainsi tout se détériore et se perd.

Peut-être un temps meilleur me permettra-t-il un travail plus utile. On a vu des végétaux déja flétris reprendre quelques instans d'une vie nouvelle, et produire, dans cette activité inattendue, des fruits qu'ils ne promettoient pas. Quel homme pourra deviner les modifications successives de son être ; passif plus qu'il ne veut se l'avouer au milieu de la sphere d'événemens qu'il prétend activer, qui peut savoir ce qu'il sera, entraîné par des affections qu'il ne pressent pas, et par un ordre de choses dont le fil échappe à son avide imagination ? Qui sera semblable à lui-même, livré à l'inertie morale ou soutenu par la sagesse, embrâsé par un sentiment effectif ou consumé par un besoin sans objet ? Qui sera affecté des mêmes sensations sous les brumes de la Hollande où le ciel de Nice, dans la monotonie des plaines ou l'âpreté des monts, dans la fétidité de nos prisons populeuses, ou l'inaltérable pureté des Alpes et de l'Atlas. Ainsi, la pensée même de ce maître du globe dépend de la terre qu'il habite, des alimens qu'il prend, de l'air qu'il respire, des événemens qui l'entraînent, des sentimens qui l'affectent. Que de Leibnitz et de Marc-Aurele morts dans leurs berceaux, abrutis chez les Kamschadales, déformés chez les Omaguas, ignorés dans la misere des chaumieres Européennes, entravés par les préjugés, éteints dans les ennuis !

De grands hommes ont établis des innovations imposantes, mais ils travailloient selon leurs intérêts ou leurs préjugés, et leurs innovations ambitieuses ou inconsidérées ont affligé la terre. De grands génies et des hommes de bien ont imaginé des systêmes spécieux et des changemens utiles, mais ils n'ont rien produit, soit que l'exécution fût impossible, soit que les circonstances fussent contraires. D'autres plus désintéressés, plus sages ou plus heureux, ont ramené sur des parties du globe quelque ombre de félicité sociale. Il est temps d'oser plus qu'eux tous. L'espece humaine, trop abandonnée à sa propre détermination, a prodigué, dans de nombreuses erreurs, l'enthousiasme d'une jeunesse toujours flottante et toujours passionnée. Avançons le terme de sa maturité nécessaire, et que cent siecles de déviation lui suffisent enfin pour l'expérience d'elle-même. La folie des temps écoulés ne pourra-t-elle instruire des temps meilleurs, et faudra-t-il que dans ses mutations inconsidérées cette espece toujours avide et toujours trompée, perde sa durée toute entiere à s'essayer à vivre. Répétons-lui la leçon terrible, proférée par toutes les contrées et transmise par tous les âges. Qu'elle suive la filiation de toutes ses miseres, qu'elle en reconnoisse la source commune dans l'abus du besoin de jouir. Qu'elle abjure enfin le desir trop extensif de l'inexpérimenté, l'avidité des extrêmes, et la vénération de l'inconnu, et l'amour du gigantesque, et l'habitude des passions ostensibles, et l'orgueil des vertus austeres, et la manie des abstractions, et la vanité de l'intellectuel, et la crédulité pour l'invisible, et le préjugé universel de la perfectibilité. Lisons avec impartialité dans le grand livre des désastres du monde. Les fatiguantes puérilités des études, des négociations et des arts, les prestiges de la gloire, l'apathie de la servitude, l'opinion si facile aux novateurs, si puissante sur la foule prévenue, et les spectres célestes, et le rêve d'un autre monde, et le fanatisme des passions consacrées, ont livré tous les peuples aux sollicitudes réelles, aux terreurs de l'idéal, à tous les genres d'oppressions, de souffrances et de fureurs. Qu'un zele généreux, animant le génie de son impérieuse audace, apprenne à la terre désolée, que l'on peut encore ne pas désespérer de l'homme altéré, déformé, vieilli ; et que dans ce cercle de mutations précaires, les formes indélébiles doivent se reproduire de l'épuisement des habitudes sociales, et l'homme primordial rester subsistant quand aura passé l'homme d'un jour.

A qui sera-t-il donné de conduire cette réforme générale dont les obstacles sont si grands, mais la nécessité si impérieuse. Qui possédera les moyens nécessaires pour persuader les hommes prévenus, et renverser les erreurs gigantesques de leurs bases antiques et vénérées. Qui réunira l'universalité des connoissances dont le génie le plus vaste a besoin pour juger toutes les faces des choses dans un seul apperçu, unir leurs rapports dans un système qui n'admette rien d'occulte ou d'arbitraire, et déduire de leurs nombreuses données une solution rigoureusement vraie et parfaitement simple. Quel génie sera assez grand et assez véritablement savant pour bannir de la terre ces études vaines et cette grandeur trompeuse, ou du moins pour fermer au commun des hommes l'accès de ces voies d'égaremens et d'amertumes?

Préparons le moment de réparation et de renouvellement, en démasquant toutes les folies puériles ou désastreuses que l'erreur a revêtues d'apparences spécieuses, et qui, sous le sceau de noms révérés, ont usurpé l'aveugle faveur de l'opinion. Cependant, en rappelant des vérités simples, immuables, mais trop universellement oubliées, traduisons-les dans une langue facile et moins étrangere, et souvenons-nous que sur ce globe la lumiere de l'aurore ne succede pas rapidement aux ténebres; mais que transmise par un milieu qui l'annonce et la modifie, elle convient mieux à nos yeux, en les éclairant indirectement et par degrés.

Je le répete, ce ne sont ici que des essais informes. J'écrivis sans art et presque sans choix ce que rencontra ma pensée, que je laissois errer librement ; je fus même obligé de faire beaucoup de suppressions et plusieurs rapprochemens pour donner à ces rêveries le peu d'ordre et d'ensemble que l'on y pourra trouver. A l'exception de ces légers changemens de distribution, j'ai laissé les choses comme elles ont été écrites dans la succession naturelle des idées : rien ne m'étant plus étranger que ce second travail qui consiste à revoir, à perfectionner, et n'a gueres pour objet qu'une correction que j'estime peu nécessaire. Je voudrois écrire des choses utiles, et renoncerois volontiers à la gloire de produire un ouvrage fini.

Si l'on peut me lire avec quelqu'intérêt, que l'on m'entende comme un solitaire qui, loin des arts et du bruit, écoute la nature, consulte peu de livres, préfere la vérité des choses à l'art qui les exprime, apprend seulement à sentir, à penser, sur-tout à douter, et même lorsque la force des événemens le retient dans les villes, veut encore y rêver en liberté.

Je suis souvent réduit à des expressions peu justes, soit que je ne rencontre pas celles que je desirerois, soit qu'elles manquent en effet à la langue. Cependant, si l'on veut s'habituer en quelque sorte avec moi, je crois que l'on entendra ma pensée, quoique mal exprimée.

J'ai considéré les choses sous diverses faces et dans des acceptions circonscrites, et j'ai évité, souvent à dessein, d'aller jusqu'à la vérité. Je veux me faciliter ses routes par l'habitude de m'y promener çà et là.

Je craindrois de les oublier trop tôt, si je les franchissois d'un effort trop rapide : je craindrois de ne me pas familiariser avec cette multitude de communications indirectes, dont les faciles sinuosités menent au terme par degrés, et où, chemin faisant, l'on reconnoît tous les lieux de cette contrée trompeuse, et l'on s'instruit à suivre avec sûreté les ramifications du vaste dédale de l'opinion. Peut-être les amis du vrai se reposeront volontiers avec moi sur les confins de l'erreur. Il est bon de l'observer sans dédain : (1) l'universalité des hommes ne l'auroit point prise pour la vérité, si elle n'avoit eu avec celle-ci des rapports et des conformités réelles. Il faut connoître ses moyens de séduction, pour s'assurer que la vérité elle-même n'est pas une séduction nouvelle. Les premieres affections de l'homme forment un centre simple, vrai, essentiel, d'où partent des rayons illimités, qui sont seuls des voies de certitude. L'espace vuide qu'ils laissent entre eux, est celui des rapports métaphysiques ; c'est la région de l'idéal. Près du centre, l'on ne sauroit s'égarer long-temps ; serré de toutes parts entre ces routes certaines, l'on est aussitôt ramené à leur foyer commun ; mais quand l'homme excite en lui cette force de projection que la nature lui a imprimé pour en faire un être actif, et méprise la force contraire qui le ramenoit au centre par une opposition dont devoit résulter le mouvement harmonique d'un être organisé ; quand il s'abandonne avec passion à une tendance factice, alors, l'espace vague entre les routes directes, devenant d'autant plus étendu qu'il s'avance

---

(1) C'est encore un préjugé, que le mépris trop partial des préjugés mêmes.

davantage, il s'ouvre d'innombrables sentiers de déviation, et une fois perdu dans les déserts de l'erreur, il y consume le plus souvent sa vie entiere, avant de rencontrer une de ces traces primitives, qui seules ramenent à la vérité dont, comme les rayons solaires, elles divergent dans leur émanation.

RÊVERIES
SUR
LA NATURE PRIMITIVE
DE L'HOMME.

PREMIERE RÊVERIE.

Des miseres de l'homme, la plus funeste, et celle qui d'abord paroît la plus inexplicable, est cette dépendance comme indirecte des choses, qui assujettit celui même qui veut leur être supérieur, l'asservit sans qu'il connoisse le joug, et le force à consumer sa vie dans un ordre de choses qu'il n'a point consenti, auquel il n'a cru céder que pour un jour. Ainsi, entraîné toujours malgré lui à faire de sa vie un usage qu'il n'a pas voulu, l'homme qui sent que jamais il n'a pu se soumettre ainsi volontairement, attribue la prétendue foiblesse de sa volonté à la séduction des apparences; et, pour ne pas désespérer de l'avenir, refuse de s'avouer qu'il n'a été subjugué que par la force inconnue, mais irrésistible de la nécessité, et que sa volonté n'a été foible et sans effet que parce quelle avoit pour objet ce qui ne devoit pas arriver . . . .
. . . .

Cette dépendance ne m'est jamais plus pénible que dans la saison où la Nature inspire le repos et un libre abandon; chaque année j'ai desiré couler plus près d'elle les paisibles jours d'Octobre. Cette fois mes vœux furent moins vains, ma volonté fut forte, c'est-à-dire que je me trouvai avoir voulu à-peu-près ce que vouloit le sort. Si je dois finir le mois dans cette retraite : ô terre automnale ! nourris-moi de ta douce langueur ; cieux tranquilles ! reposez l'inquiétude de mon cœur. Je livre ma pensée à vos faciles impressions, je veux écrire librement et sans art ce que j'aurai senti sur l'homme et sa premiere destination (1). Je cherche, en ma maniere errante, quelques vérités dans le silence et la profondeur de la nature.

———

Près de . . . . . sont des sables arides et peu fréquentés, qui présentent un espace ouvert au promeneur qui veut errer librement. Leur aspect assez sauvage rappelle des idées d'indépendance et d'abandon propres à nourrir les rêveries, plaisirs des solitaires, et volupté des cœurs infortunés comme des cœurs aimans. Des monticules de sable nud, de petites plaines de bruyeres, et des hauteurs boisées remplissent cet espace que je nomme le désert; cherchant à ajouter à son étendue, comme à embellir l'expression de ses différens sites, creusant d'idée les terrains les plus bas en vallées profondes, changeant en pâturages quelques herbes desséchées, et transformant en chaines d'âpres rochers et de sommets élevés (2), les diverses sinuosités de ses

———

(1) Puisque des circonstances difficiles ont laissé imparfait et rendu inutile un ouvrage plus ordonné et plus entier, je me borne à un travail indépendant plus facile à des loisirs interrompus et précaires. L'automne et un moment de solitude m'ont engagé à conserver sur le papier ce qui s'offriroit à ma pensée dans les matinées du mois le plus facile aux rêveries.

(2) Dans les plaines où les collines ne sont que des taupinieres, et où la petitesse des objets donne à toute une contrée la monotonie d'une surface nivelée et comme dépouillée, l'homme voit une grandeur, une élévation qui n'existent pas.

buttes

buttes sableuses, et les débris de ses grès dispersés. La plus élevée de ces buttes domine assez au loin les forêts voisines : quelques bouleaux isolés ont pris racine sur son sommet battu des vents, et j'allai jouir des derniers feux du jour sur les grès écroulés le long de la pente qu'elle incline au soleil couchant.

Dans cet espace inculte et désert, la végétation étoit foible et rare. Deux ou trois bouleaux sans feuilles et de la bruyere desséchée laissoient à ce lieu sauvage l'expression d'une solitude profonde. J'avois long-temps confondu avec les couches de sable et les parcelles blanches des grès épars, deux troupeaux de brebis fort distans l'un de l'autre : leurs têtes étoient baissées, et leurs yeux fixés dans les touffes rougeâtres de la bruyere où elles cherchoient, avec plus de constance que de succès, quelques brins arides d'une herbe jaunie. C'étoient les seules êtres animés qui respirassent dans ces landes, et leur immobilité sembloit craindre d'en troubler la paix silencieuse. Le soleil, sans nuage, éclairoit d'une maniere fixe et constante la contrée vaste et déserte. Seulement, de temps à autre, l'on

---

On croit cet arbre à cent toises, et il n'est qu'à mille pas ; l'on pense qu'il faudra un quart-d'heure pour monter une butte qui n'a que cent pieds. Cette illusion trompe sans cesse le montagnard habitué à estimer différemment les grandeurs et les distances. Un Hollandais transporté dans les Alpes, croira traverser, en une demi-heure, un lac de trois lieues, et parvenir, en deux heures de marche, au pied d'un mont qui s'élève à douze lieues à l'horizon. Ainsi les deux extrêmes se rapprochent à la portée de notre vue. Il sembleroit que la nature ait également craint de nous blesser par la petitesse de ses formes, et de nous désespérer par leur immensité. Le très-grand et le très-petit sont inaccessibles à l'œil de l'homme ; et dans la sphere étroite qu'il peut embrasser, les points extrêmes sont encore rapprochés.

entendoit dans les bruyères le bêlement de la brebis plaintive. Ce grand calme ajoutoit à cette étendue solitaire, son ciel sembloit plus profond, plus illimité, sa terre plus abandonnée.

Plusieurs de ces collines lointaines élevoient de divers points de l'horizon des souvenirs douloureux et des regrets inénarrables. J'étois agité dans ce calme général, et je l'étois seul ; nul homme ne s'y étoit retiré pour y penser librement, pour y souffrir ignoré.

Avide de pensers sublimes et d'émotions extrêmes, mon idée perdue dans le vague de l'essence primitive des êtres, sondoit, dans sa démence, d'inexplicables et douloureuses profondeurs. O qu'en cet instant suprême les vicissitudes humaines, et la succession nécessaire et des choses et des temps, me sembloient imposantes ! que cette nature en son universalité étoit belle à ma pensée, et la vie de l'homme misérable à mon cœur !....

Triste et indéfinissable opposition du Tout permanent et sublime à l'individu souffrant et mortel. Que m'importe cette beauté que je n'admire qu'un jour, cet ordre dans lequel je ne serai plus rien, cette régénération qui m'efface ?

Pour quelle intelligence suprême et indéfinissable fut donc préparé ce spectacle rapide et durable, toujours varié et toujours le même. Acteur misérable, formé pour un rôle pénible, esclave jeté sur l'arène pour être immolé au spectateur impassible, n'apprendrai-je pas du moins quel est cet être qui eut besoin de moi pour me détruire, qui me donna les desirs pour me donner les regrets, et l'intelligence pour que je connusse ma misere.

Si tout passe ainsi, et que nul être ne jouisse immuable de cette succession de vie et de mort, concevrai-je davantage cette terrible nécessité qui forme pour dissoudre, qui produit sans relâche pour consumer toujours, qui fait toutes choses et n'en maintient aucune, dont les loix sont inintelligibles, dont la cause n'est qu'elle-même, dont la fin n'est encore qu'elle-même. Qui m'expliquera pourquoi, animalcule qui m'agite sur un point et végete un jour, je perçois l'univers et veux l'éternité. Si mon être ne peut s'agrandir avec ma pensée, pourquoi ma pensée n'est-elle pas bornée à mon être? Pourquoi ne puis-je vivre dans tout cet univers qu'embrasse mon idée, et dans ces temps successifs dont elle pressent la durée? Quel pouvoir me transporte où je ne suis pas, et perpétue mon être qui ne sera plus? Par quelle inconséquence mes vœux passent-ils mes droits, ou quelle injustice m'enleve des droits qu'ils attestent? Ne pourrois-je respirer sur la terre sans mesurer la profondeur des cieux, ni vivre un jour sans calculer la succession des siecles? N'ai-je reçu des conceptions ineffables que pour m'irriter de mon néant, et des espérances immortelles que pour abhorrer l'heure de ma destruction?

De cette étonnante élévation d'où j'observe l'essence des êtres et juge la nature, quelle force irrésistible me précipitera dans l'éternel néant? L'anéantissement est contradictoire.... mais l'immortalité est impossible. Ainsi se combat et s'égare la raison humaine dans ses assertions téméraires.

O profondeur vraiment sinistre, tu appartiens à la dissolution; mais le renouvellement ne peut te reproduire. Tu as vécu, tu as senti, tu as pensé durant un jour rapide, pour ne plus penser, ne plus sentir jamais... jamais. Cet univers s'épuise et s'alimente, se dévore et se renouvelle; il subsiste toujours vieilli et toujours renaissant: mais toi, tu ne renaîtras pas. Les temps s'écouleront incalculables, une seule heure ne te sera pas donnée. Des siecles plus heureux consoleront l'humanité. Tu ne verras pas ces siecles plus heureux. La nature te devient étrangere, tu ne l'admireras plus, tu ne l'entendras plus. Ce soleil se lévera, tu ne le verras pas; la terre fleurira, tu ne le sauras pas. Ce chêne, déja vieux quand tu naquis, ranimera ses rameaux séculaires; mais son ombrage rajeuni s'étendra sur ta tombe. Celle que tu aimois... elle t'appelle; elle se fixe près de toi dans le silence de la nuit; elle pleure, et tu ne sens pas : elle pleure; mais sa larme amere s'arrête réfroidie sur la pierre impénétrable qui pesera long-temps sur ta cendre éteinte.

Comme elle est sinistre cette idée de destruction totale, d'éternel néant : elle fatigue, elle travaille tout notre être, elle le pénetre d'un frémissement de mort. Comme tout génie, toute vertu se sechent et s'éteignent dans sa froide horreur! elle opprime, elle serre le cœur, elle atterre.

Tel est le délire de l'extension; telle est la séduction de cette sorte d'ivresse et son retour navrant.

Homme trompé, tes miseres sont de toi seul. Rien n'est contradictoire, rien n'est injuste; bien plus, rien n'est misérable dans tes destins mortels. Tu te plains de la nature, homme aveugle, elle ne peut rien contre toi, elle ne peut rien pour toi; toujours indifférente et toujours nécessaire, elle te forme et te détruit dans ses mutations irrésistibles. Tu es foible pour les jouissances, tu es donc limité pour les douleurs. Demain tu ne seras plus : qu'importe, en vis-tu moins aujourd'hui, ou quand tu seras dissous, sera-ce un mal? Insensible, ne seras-tu pas impassible? As-tu gémi de n'être pas né? Tes rêves avides ont seul fatigué ton cœur périssable par le délire des vœux immortels.

Abandonne une résistance et si fatigante et si vaine ; plus sage et plus heureux, livre-toi doucement à l'irrévocable nécessité. Tes vœux n'arrêteront pas tes destins ; laisse donc tes destins entraîner ta volonté paisible. Cede, pour n'être pas contraint, et sans opposer un effort puérile à la force universelle que rien n'arrête, sans lutter contre le fleuve éternel, repose heureusement sur la nacelle qu'une douce pente entraîne à l'inévitable mort. Si cet abandon est paisible, jouis des fruits que présente à ta main la rive qui s'offre et fuit sans cesse ; si les orages ou les ennuis te font desirer le terme, quitte ta nacelle, il est par-tout sous toi.

Tout est indifférent dans la nature, car tout est nécessaire : tout est beau, car tout est déterminé. L'individu n'est rien, comme être isolé : sa cause, sa fin sont hors de lui. Le tout existe seul absolument, invinciblement, sans autre cause, sans autre fin que lui-même, sans autres loix que celles de sa nature, sans autre produit que sa permanence. Nulle chose n'est particuliérement selon la nature, car nulle n'est hors d'elle : tout est semblable à ses yeux, plutôt elle ne choisit rien, ne veut rien, ne condamne rien ; elle se sent dans toutes ses parties, mais elle marche de sa force irrésistible sans dessein comme sans liberté. Elle a le sentiment, mais non la science (1) d'elle-même. Elle ne peut être autrement, comme elle ne peut n'être pas. Elle est, parce qu'elle étoit ; elle sera, parce qu'elle est. Eternelle, impérissable, elle compose, absorbe, travaille sans relâche toutes ses parties, agrégations

---

(1) Toute science n'est que l'estimation des différences entre diverses sensations ou divers objets sentis..... Il n'y a donc point de science de l'essence de l'être ; il n'y en a donc point de la nature considérée comme le résultat unique, comme l'ensemble de toutes choses.....

mobiles et passageres de substances inaltérables. Ses formes s'engendrent, s'effacent, se reproduisent dans une série sans bornes qui ne sera jamais répétée ; et de toutes choses toujours nouvelles, se forme leur invariable universalité.

Il ne peut être de limites pour cette nature universelle ; des possibles hors d'elle sont aussi contradictoires qu'un espace qu'elle ne contienne pas, qu'un temps qui la précede ou la suive. Tout ce qui est possible, a existé ou existera ; tout ce qui est, est également nécessaire ; tout ce qui est, sert également à la composition du grand tout.

Le beau, le vrai, le juste (1), le mal, le désordre, n'existent que pour la foiblesse des mortels : raisons de choix pour la partie isolée, rapports circonscrits dans une sphère individuelle ; mais nuls dans la nature qui contenant toutes choses les contient également, subsiste par toutes, et les produit toutes avec une même nécessité.

Que lui importe que le mortel se joue sur la rive fleurie, ou s'engloutisse dans l'abyme des eaux ; qu'il secourre son semblable ou poignarde son ami ; qu'il jouisse ou souffre, naisse ou meure. Que lui importe que le soc féconde la terre ou que le bronze vomisse la mort. Qu'importent et les vertus et les joies des mortels, et leurs douleurs ou leurs crimes, et leurs amours ou leurs fureurs. La même cité nourrit le Décius qui s'immole à son salut et le Néron qui la livre aux

---

(1) Le beau, le juste essentiel sont évidemment phantastiques et absurdes. Le mal ne peut exister dans la nature. Pour l'individu, qu'est-ce que le mal ? ce qui tend a le détruire. Or, cela même est un bien dans un rapport plus général. Quel sera donc le mal dans la nature impérissable, impassible ? De plus, pourquoi ce mal existeroit-il ? Comment y subsisteroit-il ?

flammes et aux bourreaux. La même terre contient les vergers heureux et les volcans dévastateurs. Le scélérat triomphe, le héros meurt ; le verger s'épuise, le volcan s'éteint ; une même ruine dévore et l'animé et l'inanimé ensévelis dans un même oubli : et dans un monde renouvelé, il ne subsiste nulle trace de ce qui fut abhorré ou divinisé dans un monde effacé.

L'homme se forme, s'anime, se perpétue, languit et meurt : l'herbe germe, se développe, fructifie, se flétrit, se corrompt : ainsi commencent et finissent toutes choses ; ainsi, les globes se forment, s'embràsent, se fécondent ; puis, refroidis et stérilisés, sont dissous pour servir à la formation nouvelle des mondes qui, comme eux, doivent s'animer et s'éteindre. Une même fécondité produira l'insecte d'un jour et l'astre de mille siecles ; une même nécessité décomposera pour jamais et ce ver éphemere et ce soleil passager comme lui.

Tout corps est composé ; toute agrégation durable est nécessairement organisée (1) ; tout être organisé reçoit l'action des autres composés, et réagit sur eux : il est donc sensible et actif. Il connoît, quand il sent : il veut, quand il agit. Si son organisation est plus compliquée, il conserve l'empreinte des sensations passées ; alors, il a la faculté d'effectuer plusieurs réactions, il délibere, il veut avec choix. Cette série d'impulsions reçues et rendues, compose le *moi* de chaque être organisé. Tout composé a donc le sentiment de

___

(1) Tout assemblage de particules se dissoudroit s'il n'étoit lié, organisé. Tout être organisé est nécessairement actif et passif.

son être, mais les plus organisés ont seuls le sentiment du *moi* ou de la succession des sentimens produits par les impulsions qu'ils ont reçues, et productifs des impulsions qu'ils ont données. Cette seule différence marque les degrés d'animalité, depuis le composé le moins organisé possible, jusqu'à celui qui l'est le plus possible. Ces especes extrêmes sont inconnues à l'homme, mais dans la foible partie de cette chaine dont il peut percevoir quelques notions, les extrêmes seront le grain de sable et l'homme même (1). Le *moi* de tout être organisé n'est donc autre chose que cette succession d'impulsions qui doit nécessairement finir par la decomposition des organes, comme elle a nécessairement commencé lors de leur formation.

La chimere de l'immortalité fut produite par l'ignorance des choses comme toutes les autres assertions fausses ou hasardées, où l'esprit humain devoit s'arrêter long-temps.

L'individu ne sentant qu'en lui, doit d'abord se croire seul : (et sans doute le grain de sable dont je parlois se croit seul dans la nature) ; mais à mesure que les sensations dont il peut comparer les traces subsistantes dans sa mémoire, deviennent plus nombreuses, sa vue moins limitée, voit plus également tous les êtres ;

---

(1) Nulle autre différence entr'eux que le plus ou moins de mémoire ou continuité de perceptions ; et cette différence n'est point caractéristique, puisque cette faculté augmente par degrés insensibles depuis le plus foible grain de sable jusqu'au plus ingénieux des hommes, puisqu'elle est plus marquée de ce grain à l'éléphant que de l'éléphant à l'homme ; puisqu'elle est moins grande entre cet éléphant et l'homme borné, qu'entre cet homme et Platon ou Archimede.

et plus elle est universelle, plus le jugement qui en résulte diminue de son être (1), ajoute aux autres êtres, et approche par degrés de leur véritable estimation. Ainsi, l'œil voit d'abord les objets placés près de lui, mille fois plus grands (2) que les mêmes objets reculés à une grande distance; il ne les juge semblables que quand un nombre d'épreuves l'a fait parvenir à voir moins partiellement (3).

_____

(1) C'est ainsi que l'ignorant est égoïste passionné, ect., ect. S'il aime d'autres que lui, il les aime comme liés à lui; il aime son frere, sa femme..... L'homme dont les conceptions sont universelles, est cosmopolite, indifférent aux événemens. L'étendue des connoissances mene à l'impartialité de jugement, au silence des passions, à une sorte d'indifférence pour ce que les hommes vulgaires craignent ou desirent si immodérément.

(2) Dans tout ce qu'il considere, l'homme se met toujours au centre et juge ainsi toujours mal. Tout ce qui est de sa ville ou de son siecle est plus grand, plus singulier, plus beau, plus odieux que ce qui appartient à d'autres tems ou à d'autres lieux. C'est toujours l'arbre de trente pieds qui, près de sa maison, lui cache la montagne élevée de deux mille toises à l'horizon. Il est bon de sentir ainsi quand on veut n'être que soi; mais dès que l'on prétend étudier les choses sous d'autres rapports, il faut dépouiller son être, et juger comme si l'on n'étoit d'aucun lieu, d'aucun âge, d'aucune espece.

(3) C'est le propre d'une extrême ignorance de n'être étonné de rien; d'une ignorance qui commence à se connoître d'être étonné de tout: d'une fausse science de ne l'être plus: d'une science plus vraie de l'être souvent, et d'une haute sagesse de ne plus pouvoir l'être. Ainsi se modifient les jugemens de l'homme depuis l'instinct inepte d'animalité jusqu'à la raison du sage. L'homme stupide n'est étonné de rien, non parce qu'il ignore la raison des choses, mais parce qu'il ne soupçonne pas qu'il en soit une à connoître, et le vrai sage ne sauroit l'être, non pas qu'il connoisse toutes les parties de la nature, mais parce qu'il sait pressentir son ensemble et douter dans ses details.

L'homme doit se borner à estimer les différences des choses dans leurs seuls rapports à son individu : alors il ne peut les sentir que d'une maniere bonne, c'est-à-dire, convenable à sa conservation, en tant que partie nécessaire de la permanence du grand tout. Mais dès qu'il veut estimer les relations générales des choses, il manque de données : nécessairement borné dans une sphere trop limitée, quoique plus étendue que sa sphere primitive, il juge toujours très-faussement, puisqu'il ne veut plus juger selon son être seul, et ne peut jamais juger selon l'universalité des êtres.

Pour estimer seulement deux êtres individuels selon leurs rapports ou leurs différences (1) réelles et essentielles, il faudroit connoître la nature entiere ; pour connoître ainsi la nature, il faudroit l'avoir toute entiere éprouvée, avoir vécu dans toutes ses parties, les avoir toutes senties, avoir réagi sur toutes. Cette expérience de toutes choses étant impossible à l'espece humaine, sa science sera donc toujours incomplete et vaine.

---

(1) Je ne dis pas pour connoître leur essence. Elle ne peut être connue de nulle intelligence.

Pourquoi prétendre parvenir à définir la matiere, etc. N'est-il pas évident que nous ne saurions avoir d'autres connoissances que celles produites par les différences entre les sensations reçues des divers objets. La connoissance de l'être n'existe point, ou si elle existe, il nous est impossible de concevoir même sa possibilité. Toute intelligence n'est que la science des rapports, l'estimation des différences entre les sensations comparées. Si l'universalité des êtres a la conscience, le sentiment d'elle-même, son intelligence ne peut être d'une autre nature que celle de l'individu animé. C'est peut-être en ce sens que l'on a dit que l'homme étoit fait à l'image de l'ame universelle.

Mais l'homme peut avoir la science suffisamment parfaite des rapports les plus directement propres à ses besoins qui existent entre lui et les choses extérieures les plus ordinaires. Cette science seule est utile et vraie, tout le reste est vanité, erreur, impénétrabilité.

Eh quand il pourroit connoître la nature entiere, quand il auroit respiré dans l'éther, vécu dans tous les mondes, quand il auroit communiqué avec toutes les intelligences, senti avec la pierre et pensé avec les soleils, quelle leçon si desirable recevroit-il de cet univers interprété ? ce seul mot terrible à l'intelligence avide de durée et d'extension ; ce mot unique, inutile, désespérant:

Tout produit est aveugle, tout corps est périssable, toute chose est indifférente et nécessaire.

Tout choix et toute prudence, tout art ou tout effort, tout science et toute moralité sont anéantis par ce résultat de toute étude, par cette interprétation de la nature universelle, par ce dernier pas de l'intelligence, cette unique vérité, TOUT EST NÉCESSAIRE.

Mais s'il n'est qu'une vérité absolue, comme il n'est qu'un tout universel, les vérités relatives se multiplient avec les combinaisons des êtres partiels.

S'il n'est pas de choix réel, parce que tout est invinciblement déterminé, il est une liberté apparente, parce que ce qui n'est pas produit ne peut encore être connu.

Si l'homme, en imprimant un mouvement, n'est jamais que cause seconde et réactive, il se croit souvent cause premiere, parce qu'il n'a pas le sentiment distinct de la cause antérieure (1).

---

(1) Notre volonté ne peut être une cause indépendante ;

Ainsi ce qui est chimérique dans une acception générale et absolue, est vrai pour l'individu ou pour l'espece particuliere.

Ainsi quoique tout choix soit illusoire, il est inévitable que l'homme délibere.

Ainsi le bien et le mal existent dans les rapports des

---

notre action ne peut être une impulsion libre dont le principe soit en nous ; mais notre volonté, effet nécessaire de causes précédentes, devient cause nécessaire des accidens qui naîtront d'elle, et le mouvement que nous imprimons aux êtres extérieurs nous paroît libre, parce que, plusieurs corps étrangers étant de nature à le recevoir de nous, nous ignorons la loi non sentie qui nous a forcé à vouloir toucher celui-ci et non celui-là. La volonté de faire tel mouvement, n'est que le sentiment de la réaction qui part de nous comme la réflexion d'un corps part du corps placé à l'angle d'incidence.

Puisque nous ne pouvons être impassibles, nous ne pouvons être inactifs ; il faut que le mouvement reçu soit rendu : contraints à sentir, nous le sommes à vouloir. Nous croirons toujours choisir, vouloir, agir librement, parce que nous ignorerons toujours les loix déterminantes dont nos organes n'ont pas le sentiment. Moyens occasionels de réaction, nous ne sommes causes que parce que nous sommes effets, nous ne sommes actifs que de l'action reçue passivement. Dépendans au-dedans nous n'avons d'empire qu'au dehors, nous transmettons les loix auxquelles nous sommes soumis. Nous pensons qu'elles émanent de nous, parce que nous ne les connoissons qu'alors, parce que nous ne sentons que quelques accidens de cette perpétuelle oscillation active et passive, comme dans celle de nos fluides nous n'avons qu'en certains instans le sentiment de leur circulation.

La confiance, dit-on, prépare les succès, l'audace les assure, une volonté forte maîtrise les événemens. C'est-à-dire les apparences sont telles, l'homme est formé pour voir ainsi. La volonté forte est destinée à avoir pour objet les événemens qui arriveront, et l'on sent par ce qui vient d'être dit, combien facilement cette volonté, qui n'est qu'un produit des loix mé-

choses avec la conservation ou la destruction de tel être organisé (1).

Ainsi le juste et l'injuste existent dans l'ordre social, en supposant que la Cité ait déterminé ce qu'elle admet ou rejette comme tel.

Mais il n'y a de mal et de bien que pour l'individu; et il n'est de justice et de moralité que celle convenue et dont l'objet naturel est la conservation et le bien-être du plus grand nombre d'individus qui en ont adopté le mode arbitraire.

C'est dans ces principes qu'il faut étudier et l'homme et les choses . . . .

. . . . . . Espérons que cette même nécessité qui força l'homme durant tant de siecles à s'affliger et à se détruire, lui fera enfin trouver et suivre les moyens naturels d'occuper ses jours rapides par une suite de sensations heureuses.... et oublions quelquefois cette irrésistible nécessité; car pour l'homme détrompé des illusions contraires, la vie est absolument vaine (2),

---

chaniques du mouvement, se doit rencontrer souvent d'accord avec les autres produits de ces mêmes loix. S'il en est autrement, que l'on explique comment cette volonté, quelquefois si féconde en grandes choses, est ailleurs arrêtée par le plus petit événement: comment le héros qui paroît à Nerva contraindre les destinées, voit tous ses desseins audacieux anéantis par la balle perdue de Fréderickshall. Nul effet n'est le produit libre d'une cause particuliere, mais de la marche du tout, et toute prétendue cause libre n'est elle-même que le résultat nécessaire de causes qui lui sont antérieures de dix mille siecles.

(1) Le meurtre d'un lievre est un mal pour le lievre qu'il détruit, et un bien pour les aiglons auxquels le porte l'aigle ravisseur. Il n'y a donc ni bien, ni mal absolu; toute chose est à la fois bien et mal dans ses divers rapports.

(2) Heureusement la vie de l'homme dépend sur-tout du jeu

et le charme une fois dissipé, tout principe d'activité est éteint.

---

actuel de ses organes, et fort peu du résultat indirect de leurs impressions éloignées, la raison. Celui qui a le malheur de voir trop en grand a le bonheur d'agir d'ordinaire comme celui dont la vue est la plus circonscrite.

Fin de la premiere Rêverie.

SECONDE RÊVERIE.

.... Tacitum sylvas inter reptare salubres
Curantem quidquid dignum sapiente bonoque est ?
HORACE, Epit. IV.

Nulle innovation ne nous éloigne davantage de notre maniere naturelle, et n'altere plus en nous l'habitude primitive, que l'effort de produire sans occasion et sans besoin des pensées relatives à des objets absens ou étrangers à nous. L'impression des premiers besoins, ce mouvement nécessaire que produit l'altération qui survient dans notre équilibre général, ou bien l'action des êtres extérieurs sur nos sens doivent seuls nous donner nos sensations, et dès lors imprimer seuls le mouvement aux organes qui les opposent, les estiment et jugent leurs différences. Vouloir penser sans occasion présente, c'est regarder en l'absence de la lumiere; aussi dans ces deux cas la pensée comme l'œil saisissent des phantômes. L'individu ne doit pas marcher seul; sa volonté ne sauroit l'isoler sans l'égarer; sa force est d'être entraîné; sa destination d'être porté par le torrent des êtres. Jamais, quoiqu'il fasse, il ne pourra former un tout particulier séparé et comme indépendant; effet nécessaire de tant de causes par lesquelles il est cause lui-même, il ne peut sentir son être que comme le résultat de toutes les impressions reçues. C'est la discordance entre le cours universel et cette trace particuliere sur laquelle le penseur factice veut s'arrêter au sein de la succession générale des impressions; c'est cette résistance, cette déviation en quelque sorte imprévue dans la nature qui rend si pénible et si destructive la méditation arrêtée sur un objet imaginaire et déterminé. Mais en nous livrant au cours fortuit de nos idées, ou en nous abandonnant sans choix à l'effet imprévu des moyens extérieurs, nous animons notre être sans l'épuiser, et nous jouissons sans fatigue. Nous trouvons une douceur, une facilité inexprimable dans la libre succession des souvenirs et dans le vague d'une rêverie confuse ; c'est qu'alors modifiés selon la nature entière, nous sommes ce que nous avons été faits en elle, une corde particuliere dont les vibrations concourent à l'harmonie universelle.

Le plus léger des accidens extérieurs, un son, un mouvement suffisent pour nous distraire des méditations les plus importantes ; il faut tout l'enthousiasme extatique pour retenir la pensée sur son premier objet, lorsque nos sens frappés par une impulsion extérieure, viennent lui en apporter un nouveau. Cette dépendance des impressions reçues du dehors, rend favorable à l'abandon de la pensée la succession douce et égale des impressions légeres et la continuité d'un mouvement facile. Dans un silence et une inaction absolue, la pensée seroit pénible, l'existence même seroit fatiguante. Il est difficile de créer en nous le mouvement, mais nous aimons à être mus par une impulsion donnée ; celle même que nous produisons en nous, tarde peu à se modifier selon une direction générale, et si nous nous oublions un moment, nous nous trouvons bientôt dans une sorte d'accord avec ce qui nous environne. Tout tend à l'unisson dans une sphere d'activité. Le mouvement est même plus facile que le repos à un corps jeté parmi d'autres corps en mouvement ; il est

entraîné,

entraîné, s'il ne fait constamment un effort contraire ; mais qu'il s'abandonne, il recevra sans peine autant d'activité qu'il en eût pu produire dans l'isolement, en épuisant ses propres forces.

Trop d'impressions différentes se combattent avec une sorte d'effort, et dans cette oscillation trop précipitée ou trop inégale, l'on ne sauroit être doucement entraîné. J'éviterois également d'être agité par des objets trop frappans ou en trop grand nombre : je ne m'asseoirai point auprès du fracas des cataractes ou sur un tertre qui domine une plaine illimitée ; mais je choisirai dans un site bien circonscrit la pierre mouillée par une onde qui roule seule dans le silence du vallon ; ou bien un tronc vieilli, couché dans la profondeur des forêts, sous le frémissement du feuillage et le murmure des hêtres que le vent fatigue pour les briser un jour comme lui. Je marcherai doucement, allant et revenant le long d'un sentier obscur et abandonné ; je n'y veux voir que l'herbe qui pare sa solitude, la ronce qui se traîne sur ses bords, et la caverne où se réfugierent les proscrits, dont sa trace ancienne est le dernier monument. Souvent, au sein des montagnes, quand les vents engouffrés dans leurs gorges, pressoient les vagues de leurs lacs solitaires, je recevois du perpétuel roulement des ondes expirantes, le sentiment profond de l'instabilité des choses et de l'éternel renouvellement du monde. Ainsi livrés à tout ce qui s'agite et se succede autour de nous ; affectés par l'oiseau qui passe, la pierre qui tombe, le vent qui mugit, le nuage qui s'avance ; modifiés accidentellement dans cette sphère toujours mobile, nous sommes ce que nous font le calme, l'ombre, le bruit d'un insecte ; l'odeur émanée d'une herbe, tout cet univers animé qui végete ou se minéralise sous nos pieds ; nous changeons selon ses formes instantanées : nous sommes mûs de son mouvement, nous vivons de sa vie.

Si le mouvement est trop insensible au dehors, je sens le besoin d'en produire en moi-même un, qui soit facile afin qu'il se perpétue sans exiger de moi l'effort d'une volonté nouvelle, et uniforme afin que je puisse comme oublier sa sensation pour être tout entier à celles que j'attends, et que, sans nuire à celles-ci et les absorber, il ne soit pour elles qu'une sorte d'accessoire qui les fortifie, et qui, toujours semblable, puisse indifféremment s'unir à toutes (1).

Il n'est pas deux effets semblables dans la nature ; nous ne saurions être affectés deux fois d'une maniere

———————————————————————

(1) Lorsque les circonstances ne permettent pas une marche lente et comme mesurée, ou une action uniforme des bras, pourquoi n'y suppléeroit-on pas par le mouvement facile et égal de la langue qui déplace et presse des parcelles de fruits séchés ou d'autres préparations presqu'indifférentes au goût, et lentes à dissoudre. Ce mouvement, convenable par sa lenteur et sa facilité, a même sur les autres l'avantage de ne pas devenir fatigant par sa durée, de n'être pas interrompu involontairement, et d'agir sur nos sens d'une maniere qui tenant à nos premiers besoins, satisfait mieux celui du mouvement. Il n'est point de considérations indifférentes dans les raisons des choses, et rien de petit dans ce qui interprete la nature. Celui-là est fait pour la sentir toute entiere, qui éprouvera tout ce que peut produire ce moyen si foible en apparence (que beaucoup trouveront puérile) et né pour la connoître, qui en entendra bien les causes.

traiment égale ; ainsi , la rêverie la plus abandonnée ne peut reproduire la même série d'idées dans son cours involontaire. Il n'est pas besoin , pour être émus d'une maniere toujours nouvelle , de passer des bords d'un paisible canal au sommet des monts dépouillés par les orages , ou du pâle couchant de la lune , à l'éclat des feux du midi : dans le même site , les peupliers ne seront pas aujourd'hui balancés par les vents, de même qu'ils l'étoient hier ; le cri nocturne des hibous ne sera pas autant de fois répété dans les rochers caverneux ; le ruisseau précipite ses ondes d'une maniere qui nous paroît semblable , mais le soleil ne donne plus d'éclat à la blancheur de ses vagues écumeuses ; le cygne qui nage dans ses remoux , a fait fuir le poisson qui s'y jouoit hier ; et l'églantier qui penchoit ses fleurs sur sa rive , a perdu leurs pétales desséchées , sur son gravier stérile ou emportées par ses eaux. Le soleil vient à luire dans le vallon, c'est une solitude charmante ; un nuage épais l'obscurcit un moment , c'est un triste désert. Le chant d'un oiseau suffit pour animer la contrée, et le plus léger soufle des airs a changé pour nous la nature ; tout est mû et tout est moteur à son tour : tout se succede , tout change , mais rien n'a passé envain ; tout a été senti , excepté par l'homme altéré , aliéné dans sa vie factice.

L'homme qui s'est moins séparé du reste des êtres, et qui a conservé des habitudes moins étrangeres à sa premiere nature , vit dans un état analogue à la situation générale de tout ce qui change et se reproduit.

Moins emporté par les passions, moins consumé par les sollicitudes sociales , il reçoit ses changemens des causes naturelles ; il est ce que le font les lieux , les saisons : et il est moins dissemblable à lui-même, et sur-tout moins péniblement changé que l'homme ordinaire toujours façonné selon les caprices des autres hommes, et travaillé par des vicissitudes bisarres et cruelles.

Chacun des jours rapides de la perpétuelle reproduction des années, apporte un changement sensible au degré progressif de la végétation, à l'état des cieux, à la situation de toutes choses : mais, dans sa marche comme ascendante puis rétrograde, la série annuelle se divise dans nos climats en deux saisons marquées ; dans l'une, principe de vie, tout se compose, s'augmente, s'anime, se développe ; dans l'autre, époque d'altération et de dissolution, tout se repose, s'arrête, se corrompt, se détruit. Dans leurs premiers momens, celle-là ajoute à notre vie, celle-ci nous communique de son repos : mais notre durée, plus longue que celle de la plante annuelle, résiste à leur action extrême pour ne se point épuiser dans son premier été ni finir à son premier hiver. C'est ainsi que notre nature se refusant à l'influence d'une activité trop consumante, et d'une décomposition trop prématurée, nous soustrait aux effets des deux périodes absolus, en nous laissant seulement sensibles aux impressions encore modérées du printemps et de l'automne qui animent et calment alternativement notre vie, sans la fatiguer ou l'arrêter.

Dès que la nature visible est activée par les émanations de l'astre qui la féconde, et reprend à nos yeux sa force productive suspendue dans les hivers, ce mouvement nouveau, imprimé à tous les êtres, facilite notre vie, et nos desirs s'embrâsent au feu de l'impulsion générale ; tout nous entraîne tout promet, tout séduit; avides d'extension, nous ne voyons sur sa trace rapide que joies, espérances, illusions heureuses; pleins de confiance et de séduction, nous hâtons l'avenir pour ly précipiter notre vie. C'est ainsi que nous chérissons la saison où nous sentons plus ardemment et plus heureusement, et où nous existons en quelque sorte davantage.

Doux printems, jeunesse toujours nouvelle de l'inépuisable nature, tous les cœurs ont aimé tes premiers beaux jours, tous les poëtes les ont chantés : tu soutiens et console notre vie, tu fais fleurir l'espérance sur tes traces annuelles, et vivifie nos jours flétris durant le sommeil de la nature. Tu la montres toujours jeune à nos yeux vieillis, et son immuable durée semble éloigner le terme de nos jours rapides; comme s'il nous étoit donné de nous renouveler avec elle, comme si chaque printems n'abrégeoit pas notre vie passagere, comme si nous n'étions pas des parties mortelles d'un tout impérissable.

Heureux pourtant qui peut encore sentir ainsi, et n'a point effacé, sous nos formes factices, son empreinte primitive ! Heureux l'enfant de la nature, qui, libre d'un joug étranger, chérit la main féconde qui prépare les délices de l'année ! Heureux celui dont les miseres et les ennuis n'ont point seché le cœur, qui ne s'est pas éteint dans une froide langueur, qui sourit à la douce haleine du zéphir (1) africain, renaît avec l'om-

_____

(1) A l'équinoxe de mars le zéphir ou vent d'Afrique pénetre dans le Nord, y fond les glaces, chasse les frimats et hâte la végétation.

La poésie a rendu cette acception la plus commune de celles que les anciens donnoient à ce mot.

brage des forêts, et s'épanouit avec la fleur des prairies !

Et moi aussi j'ai aimé le printemps ; j'ai observé le bourgeon naissant, j'ai cherché les primeverts et le muguet, j'ai cueilli la violette. J'ignore si ces temps se reproduiront encore. Je n'ai point perdu les goûts primitifs ; mais leurs impressions ont changé lorsque mon cœur a perdu les desirs, altérations passageres de l'être qui sent profondément et ne végétera qu'un jour.

Le printems seul se revêt d'un charme indicible ; nulle saison ne peut lui paroître comparable aux yeux qui ne sont pas désenchantés : aux plaisirs qu'il donne, l'attente de l'été ajoute encore ceux qu'elle promet ; mais je sens que je lui préfere déja la mélancolique automne, reste épuisé de la splendeur des beaux jours, dernier effort de vie mêlé d'une sorte de langueur qui déja repose et bientôt va s'éteindre sous les frimats ténébreux.

Insensés ! nos pertes sont notre ouvrage : notre main imprudente comprime et réfroidit la nature. Les joies de la vie devoient durer autant qu'elle ; le sentiment du plaisir étoit de tous les âges. Il promettoit au vieillard même sa délicieuse ivresse pour les précieux momens du mois des violettes, et les jours enchanteurs de la saison des roses. Mais les fleurs du printemps, séduisante image des joies heureuses, sont pour les hommes fortunés qui connoissent la passion douce des jeunes cœurs, le plaisir et ses illusions charmantes. La teinte automnale des feuilles jaunies, et ce vêtement de la nature déja flétrie convient mieux à l'habitude des rêveries profondes et des pensers amers.

Douce et mélancolique automne ! saison chérie des cœurs sensibles et des cœurs infortunés, tu conserves et adoucis le sentiment triste et précieux de nos pertes et de nos douleurs; tu nous fais reposer dans le mal même, en nous apprenant à souffrir facilement sans résistance et sans amertume. Tes ombres, tes vapeurs, tes feux qui s'éteignent, et ce revêtement antique que tu commences à dépouiller; tout ton aspect délicieux et funebre attache nos cœurs aux souvenirs des temps écoulés, aux regrets des impressions aimantes. Emus, attristés, navrés, nous t'aimons, nous te bénissons, car tu nous ramenes au charme aimable des illusions perdues, tu reposes à demi le voile consolateur sur nos yeux fatigués d'une imprudente lumiere. Douce automne, tu es la saison chérie des cœurs sensibles et des cœurs infortunés !

Tes jours plus courts et ton soleil plus tardif semblent abréger nos maux en abrégeant nos heures. A travers les brouillards portés sur les prairies, l'aurore elle-même suspend sa lumiere douteuse. Le voile vaporeux laisse au matin le silence de la nuit et la paix des ténebres, et nous nous éveillons libres du poids des heures écoulées, et incertains même s'il faut déja vivre ou si nous reposons encore. Automne ! doux soir de l'année, tu soulages nos cœurs attendris et pacifiés, tu portes avec nous le fardeau de la vie !

Toi seule fais oublier et les plaisirs du printemps et la splendeur des étés. Cet espoir séduisant, ce charme nouveau, tout ce délire expansif des premiers beaux jours ne valent pas, ô automne ! ta simple et paisible volupté. Ces nuits éclairées du solstice, cette durée des jours, cette profusion et de vie et de lumiere, l'été dans sa puissance et toute sa splendeur, ne vaut pas, ô automne, la simplicité de tes dons, cette douce température, ce silence ineffable et des cieux calmés et de la terre mûrie et reposée. Que le jeune cœur avide d'amours et d'illusions se livre dans son enthousiasme aux erreurs du printemps, je ne veux pas le détromper; l'ombre du bonheur s'est retirée sous le voile; il ignore la vie et s'ignore lui-même; qu'il jouisse long-temps; pour moi je t'aime, douce et mélancolique automne, tu es douteuse et fugitive comme la vie de l'homme. Si belle encore et pourtant si voisine des frimats nébuleux, tu apprends à son cœur détrompé, que du moins le présent peut s'écouler doucement dans l'oubli des maux que la crainte anticipe.

Le renouvellement de l'année agite nos cœurs de désirs immodérés et d'affections indicibles. L'homme froid peut avoir besoin de cette impulsion nouvelle pour rendre quelque sentiment à sa vie stérile, mais les cœurs profondément sensibles souffrent trop de cette agitation immodérée, cette nature si puissante les fatigue et les dévore; ils reposent plus heureusement sous les ombres automnales.

Et toi aussi, infortuné, que le sort a poursuivi, que les hommes ont opprimé; toi aussi tu te refuses à ces saisons qui n'inspirent qu'espérance, joie et bonheur, car tous ces prestiges sont loin de ton cœur : toi aussi, triste victime des miseres humaines, tu préferes l'arbre qui jaunit dans les vergers, les champs dont les travaux ont fini, et la feuille abandonnée sur le sol des forêts; tu marques à tes douleurs un cours annuel, et voyant cesser la végétation, comme si la nature s'arrêtoit toute entière, tu esperes à toutes choses un terme desiré.

Et toi disciple de la vérité, tranquille solitaire, qui aimes et plains l'humanité souffrante, toi à qui on insulte par un nom qui fait ta gloire, vrai Philosophe, homme éclairé, vertueux et aimant, malheureux parce que tu es sensible, plus malheureux parce que tu es détrompé, dis-moi, car je suis digne de t'entendre, comme toi j'aime la vérité et les hommes; dis-moi quelle est des modifications annuelles celle que tu chéris davantage. L'automne n'a-t-elle pas sur-tout entretenu tes méditations, inspiré tes pensées, et ramené ton cœur? Dans le silence des soirées d'Octobre, n'as-tu pas connu une justice plus naturelle, senti plus d'impassibilité philosophique, et pénétré dans une profondeur plus sublime?

Automne! saison des cœurs sensibles et des cœurs infortunés, tu es encore la saison du sage, tu imprimes à nos ames ce caractere précieux de calme et d'indifférence, base nécessaire de toute justice et de toute vérité; tu disposes à penser et à sentir en sage. Tu es encore la saison de cet homme simple qui, bon ami, bon époux, bon pere, cultive son héritage antique dans l'innocence patriarchale et la paix domestique. Tu payes ses travaux naturels, tu rassembles sous son toit vénérable les dons de la féconde nature, tu assures son existence durant le stérile hiver, tu le rappelles à son humble foyer. C'est-là qu'auprès de sa compagne aimée et de ses enfans aimés comme elle, il va goûter des joies champêtres inconnues aux hommes moins simples que lui; c'est-là que tu prépares son repos; et pour combler ses derniers vœux, tu lui souris jusques sous les frimats que tu suspends comme pour lui promettre et lui montrer déja le printemps réparateur.

Douce automne ! c'est toi que la nature a destinée au soutien, à la consolation, aux délices des victimes sociales qui vivent encore pour elle. Tu la fais aimer, tu ramenes à ses loix oubliées, tu es touchante comme le soir d'un beau jour, consolante comme le soir de la vie, et tes émotions chéries se perpétuent dans le vague des souvenirs, et agrandissent notre être dans l'abime du regret innénarrable.

Vous, à qui les touchantes soirées d'Octobre conviennent davantage qu'un matin du mois de Mai, comptez que la vie a déja perdu pour vous son illusion fugitive ; que les regrets seront vos seuls plaisirs, et qu'il n'est plus d'autre habitude du cœur qu'une mélancolie qui consume et que l'on aime. Le charme une fois dissipé ne revient jamais. Vous êtes dans le soir de la vie, et son couchant se prépare. Descendez doucement vers la nuit de la tombe : il n'est plus pour vous d'aurore ; vos yeux fatigués ne verront pas même l'éclat du midi, et le seul espoir qui vous reste est celui d'un sommeil paisible. — Mais ce repos, ce sommeil funebre aura-t-il aussi son réveil ? Non, il ne l'aura point..... Cependant reposez du moins.

Les deux saisons extrêmes influent aussi sur nous ; mais il semble qu'elles soient plutôt l'occasion seulement que la cause directe des impulsions que nous éprouvons alors.

Les grands jours du Solstice, saison riche et pompeuse, sont les jours que nos regrets rendent les plus pénibles. Cette température heureuse, ces nuits charmantes, cette terre abondante, cette nature si facile aux vœux de l'homme, si vivante pour son cœur, si productive pour ses besoins : tout rappelle, tout invite, tout commande. Mais dans cette nature si remplie, si animée, quel vuide pour celui qui l'a oubliée dans des habitudes étrangeres; quel silence pénible pour celui qui pressent son langage, et ne peut pas l'entendre !

Quand une atmosphere douce et une terre fertile présentent par-tout les alimens et l'asyle, l'activité et le repos, qu'avons-nous besoin de tous ces efforts d'un art qui falsifie les dons de la mere commune? pourquoi langnir dans ces amas de stériles décombres, dont d'insensés travaux nous ont construit d'étroites et hideuses prisons? Que ces chaînes ridicules sont pesantes et peut-être indissolubles! Quoi! nous qui conservons encore quelque trace de notre forme originelle, nous ne pourrons, libres de cette insidieuse oppression, fuyant une terre conquise et dévastée, respirer en paix sous le beau ciel des tropiques, dans des contrées indépendantes, dont les productions naturelles fourniroient bien mieux à nos vrais besoins, où nous n'aurions plus à souffrir les insipides jouissances, à recevoir les funestes bienfaits, à partager les inévitables miseres de l'homme des cités?

Dans l'hiver de nos climats la nature semble justifier nos arts. Affoiblis comme nous le sommes par notre maniere de vivre, nous pourrions difficilement supporter les frimats, et il faut bien que nous aimions nos tristes asyles, puisqu'enfin ils sont alors vraiment commodes et que l'habitude nous persuade qu'ils nous sont devenus nécessaires : mais dans l'été, nous reprenons quelque chose de notre indépendance, nos regrets s'éveillent alors. En admirant, nous sentons ce que nous avons perdu, en jouissant nous souffrons. C'est alors que les feux de l'air, le roulement des eaux, la paix des ombrages, l'abondance des fruits, l'aspect d'une contrée aimable et majestueuse, que tout ce qui nous plait et nous enchante, nous opprime et nous attriste. Alors les chants d'une voix lontaine nous accablent d'un sentiment indéfinissable de nos pertes, et de je ne sais quel ouvenir confus de ce qui ne fut jamais pour nous, mais que d'autres impressions semblables nous avoient déja fait pressentir vaguement : et si dans la douceur silentieuse d'une nuit éclairée, nous nous livrons aux accens sublimes du rossignol solitaire, un pouvoir invincible égare notre imagination dans l'éthéré, l'élyséen, et navre aussitôt nos cœurs abandonnés dans un vuide intolérable.

Ainsi l'inexplicable regret nous entraîne par sa douleur même, et nous plait en nous déchirant. Ainsi, le sentiment se ranime sur la trace de l'objet aimé. Ainsi le montagnard des Alpes exilé dans les plaines de France ou de Hollande, par la manie mercenaire d'une bravoure inconsidérée, se plait aux premiers accens du Ranz des Vaches; mais bientôt s'intéresse, s'attendrit, pleure, soupire profondément, déserte ou meurt (1). Ainsi cette extension à la fois délicieuse et

---

(1) Hommes à envier qui ont une patrie, hommes estimables qui savent la regretter, hommes heureux qui peuvent dire : quand l'ennui des villes, les miseres des sociétés opulentes, et l'inconséquence du métier où je fus entraîné, auront fatigué la moitié de ma vie; je puis du moins là, derrière ces monts, dans leurs vallées profondes, retrouver les impressions de mes premiers ans, ma demeure antique, ma simplicité primitive, et une nature si simple et si sublime qu'elle accable de son imposante grandeur, l'homme étranger à ces touches mâles, à ces formes séveres qu'il trouve horribles et gigantesques.

funeste qui nous lie à tout ce qui est, et fut hors de nous qui rend toutes les altérations extérieures sensibles à nos organes, qui nous modifie selon la succession instantanée de toutes choses, nous fait éprouver leurs rapides mutations, et vivre dans toute la nature; cette sensibilité vaste, délicate et profonde, ce sens intérieur, susceptible d'affections innombrables, consume et précipite l'existence qu'il agrandit, et afflige la vie qu'il devoit embellir.

La sensibilité n'est pas seulement l'émotion tendre ou douloureuse, mais la faculté donnée à l'homme parfaitement organisé, de recevoir des impressions profondes de tout ce qui peut agir sur des organes humains. L'homme vraiment sensible, n'est pas celui qui s'attendrit, qui pleure, mais l'homme qui reçoit des sensations là où les autres ne trouvent rien, ou ne trouvent que des perceptions indifférentes. Une émanation, un jet de lumiere, un son nuls pour tout autre, lui amenent des souvenirs ; une roche qui plombe sur les eaux, une branche qui projette son ombre sur le sable désert, lui donnent un sentiment d'asyle, de paix, de solitude : et la perpétuelle incertitude de son cœur est retracée dans cette eau toujours écoulée, et toujours reproduite, que le moindre souffle agite en ondes prolongées, et que bouleversent de fréquens orages. Si le Soleil écarte les nues, dans la nature embellie, il ne voit que des biens, il ne sent que l'espérance. Si les nuées reviennent voiler le Soleil, tout dans l'ombre se flétrit à ses yeux : l'avenir est chargé de maux, tout est sinistre, alarmant, le voilà détrompé, triste, accablé. Une fleur odorante se trouve-t-elle sous ses pas, son parfum a dissipé tous ces phantômes, et ramené sur l'avenir le voile des illusions plus heureuses. Une idée triste se présente-t-elle la première à son reveil, cette journée sera celle des ennuis et des douleurs ; s'est-il éveillé dans la paix, il va tolérer la vie. Qu'il consulte le matin les brouillards et les vents, qu'il écoute quels oiseaux chantent l'aurore : les malheurs lui seront moins pénibles dans un beau jour que le poids seul du temps sous un ciel voilé de brumes. Il est des sensitives qui se flétrissent dans les temps d'orage, et se réveillent avec la sérénité des cieux.

Mais toujours dépendant et des saisons, et des hommes, et des choses, satisfait ou triste, actif ou abattu selon la circulation de ses fluides et le jeu de ses organes; comment sera-t-il heureux quand tout peut l'affliger ; comment sera-t-il égal ainsi changé sans cesse ? Embarassé d'un regard, troublé par un mot, toujours partageant les affections de ceux qui l'environnent, toujours inquiété, ébranlé, altéré par les objets mêmes étrangers à lui, où trouvera-t-il la paix du sage et son impassibilité, lui que tout affecte, lui que tout agite ? Cette sensibilité exquise est-elle un avantage, une perfection ; sur-tout est elle un moyen de bonheur ?

Si cet homme sensible possede une âme forte, un cœur détrompé, que de combats en lui ! s'il possede une raison supérieure, qui pourra le soustraire à l'ennui de la vie ?

Quand la passion de la vérité a conduit au doute universel, quand le doute a dévoilé les biens et stérilisé les desirs, le silence du cœur devroit du moins régner sur ces ruines éteintes : mais des cœurs mortels, nul n'est plus déchiré que celui qui conçoit un monde heureux, et n'éprouve qu'un monde déplorable ; qui toujours incité ne peut rien chercher, et toujours consumé ne peut rien aimer ; qui, refroidi par le néant des choses humaines, est arraché par une sensibilité invincible au calme de sa propre mort. Il s'attache à la nature inanimée pour devenir indifférent comme elle, pour reposer dans sa paix impassible : il la vouloit muette, mais il l'entend encor, il la sent, il l'interprète toute entiere, et demande à chacun de ses accens une expression indicible pour des douleurs inénarrables. Il voit la terre agitée dans la vague qui se brise contre le roc, et la destinée humaine dans celle qui vient mourir sur la grève.

Fin de la seconde époque.

www.ingramcontent.com/pod-product-compliance
Lightning Source LLC
Chambersburg PA
CBHW062013070426
42451CB00008BA/682